Barbara Knappinger

Kleine Kräuter-Fibel

Barbara Knappinger

Kleine
Kräuter-Fibel

VERLAG johannes heyn

Gedruckt auf LuxoArt Samt New
Schrift: Frutiger 45 Light, 8,5 Punkt
Titel: Barbedor T Bold Italic, 40 Punkt

Alle Fotos stammen aus dem Archiv der Autorin und
des Verlags Johannes Heyn.
Ein herzliches Dankeschön Frau Dr. Romana Seunig
vom www.kraeuterland at.

© Verlag Johannes Heyn, Klagenfurt/Celovec 2015
Gesamtherstellung: Buch.Bücher Theiss, www.theiss.at
Printed in Austria
ISBN 978-3-7084-0563-6

Einige Worte vorab

Die Liebe zu Kräutern ist in unserer Kultur tief verwurzelt. Sie reicht weit zurück, das Wissen um ihre Verwendung und Wirkung wurde mündlich und durch Gebrauch von Generation zu Generation weitergegeben.

Unsere heutigen Gartenkräuter haben mit dem Wildkräuterwissen aus diesen alten Zeiten wenig gemein. Sie stammen hauptsächlich aus dem Mittelmeerraum, wurden vermutlich von den Benediktinern mitgebracht und in den sich entwickelnden Klostergärten, später auch in den Bauerngärten, angebaut.

Aus der Vielzahl an Kräutern wurde für dieses Büchlein eine Auswahl getroffen, die zum einen die beliebtesten und gebräuchlichsten Gewürzpflanzen berücksichtigt. Zum anderen werden einige Wildkräuter, wie der Bärlauch oder die Pimpinelle, vorgestellt, die mittlerweile Eingang in Gärten und Küchen gefunden haben.

Für jede Pflanze wird kurz beschrieben, unter welchen Bedingungen sie optimalerweise im Garten wächst – wobei fast alle der porträtierten Kräuter auch in Pflanzgefäßen auf einem kleinen Balkon gezogen werden können –, und ein Rezept vorgeschlagen.

Die für vier Personen ausgelegten Rezepte entstammen teilweise Kochbüchern aus dem Verlag Johannes Heyn, teilweise sind es vielfach in der Familie erprobte Gerichte. Die Auswahl entstand im heißen Juli 2015 und ist entsprechend sommerlich inspiriert.

Bärlauch
Allium ursinum

Der Bärlauch, auch wilder Knoblauch genannt, liebt lichte, feuchte Laub- und Auwälder, wo er oft in Massenbeständen vorkommt.
Gesammelt werden die Blätter vor der Blüte von März bis Mai.

Achtung:
Bärlauch sieht den fast gleichzeitig und an ähnlichen Standorten wachsenden, sehr giftigen Maiglöckchen, Herbstzeitlosen und dem Aronstab sehr ähnlich. Zwar haben sie nicht den typischen Knoblauchgeschmack, aber die immer wieder empfohlene Geruchsprobe hilft nicht mehr, wenn die Finger nach dem ersten Testen schon nach Knoblauch duften! Wichtig ist deshalb, die Blätter genau unterscheiden zu lernen – bitte informieren Sie sich, bevor Sie wildwachsenden Bärlauch sammeln.

Am Wochenmarkt wird Bärlauch in Bündeln angeboten, wer Lust auf ein eigenes Bärlauchbeet und einen schattigen Platz im Garten hat, der wird beim Gärtner fündig.

Verwendung

Suppen, Salate, Saucen, Kräutertopfen, Kräuterbutter

Bärlauchsuppe

Bärlauchsuppe

Zutaten

1 Zwiebel, 2 Esslöffel (EL) Öl, 2 EL Mehl (glatt),
1 l Gemüsebrühe, 100 g Bärlauch, 2 Zehen Knoblauch, Salz,
Pfeffer, Muskatnuss, 4–6 EL Weißbrotwürfel (Knödelbrot),
evtl. 125 ml Schlagobers

Zum Garnieren:
einige Streifen Bärlauch,
1 Scheibe Schwarzbrot (gewürfelt), 1 EL Öl zum Rösten

Die kleinwürfelig geschnittene Zwiebel im Öl leicht anrösten, das
Mehl dazugeben und kurz mitrösten. Mit kalter Gemüsebrühe aufgießen, gut verrühren und aufkochen lassen. Den in dünne Streifen
geschnittenen Bärlauch, die Knoblauchzehen, Gewürze und Weißbrotwürfel dazugeben und mit dem Pürierstab pürieren. Die Suppe
sollte eine dickflüssige Konsistenz haben. Bei Bedarf Schlagobers
unterrühren und mit gerösteten Schwarzbrotwürfeln und Bärlauch-
streifen garnieren.

Basilikum
Ocimum basilicum

Basilikum kam im 12. Jahrhundert von Indien nach Europa und wird seitdem speziell in den Gärten Südfrankreichs und Italiens kultiviert, wo es zu einem der beliebtesten Küchenkräuter aufstieg. In unseren Breiten gedeiht das frostempfindliche Lippenblütengewächs, wenn man es im feuchtwarmen humosen Boden an windgeschützter Stelle im Garten, in Töpfen oder unter Glas pflanzt. Die druckempfindlichen Blätter verströmen einen würzig süßen, an Nelken erinnernden Geruch.

Tipp

Besonders buschig wächst Basilikum, wenn man es häufig beerntet und nicht einzelne Blätter zupft, sondern immer den Stängel oberhalb eines Blattpaares abzwickt, aus dessen Achseln neue Triebe wachsen.

Verwendung

Frisch gezupfte oder gehackte Blätter für Rohkostplatten, Salate, Sugo zu Pasta, Suppen, Saucen, Tee

Spaghetti mit Paradeisern und Basilikum

Zutaten

500 g Spaghetti, 100 ml Olivenöl, 4 Zehen Knoblauch (gehackt), 8 Paradeiser, 1 Handvoll Basilikumblätter (gezupft), Parmesan (geraspelt), Salz

Die Paradeiser kleinwürfelig schneiden, mit Salz, Pfeffer, Knoblauch, Olivenöl und Basilikumblättern vermengen und ziehen lassen. Nudeln bissfest kochen, abgießen, anrichten und das Paradeis-Basilikum-Gemisch unterheben. Mit geraspeltem Parmesan bestreuen.

Bohnenkraut

Gartenbohnenkraut
(Satureja hortensis), einjährig

Bergbohnenkraut
(Satureja montana), mehrjährig

Gartenbohnenkraut steht gerne in sonniger windgeschützter Lage in nährstoffreichem Boden. Winter- oder Bergbohnenkraut (siehe Foto), ein immergrüner Halbstrauch, ist auf sonnigen felsigen Hängen im Mittelmeerraum heimisch. Beide Arten vertragen Trockenheit besser als Nässe, also mäßig gießen! Der Duft des Lippenblütlers erinnert an eine Mischung aus Pfeffer, Thymian, Oregano und grünen Bohnen, wobei das Bergbohnenkraut wesentlich kräftiger duftet und würzt als das weichblättrigere Gartenbohnenkraut.

Tipp

Im Garten wird Bohnenkraut Bohnen beigesät, das hält Blattläuse fern.

Verwendung

Passt gut zu Suppen und Pilzsaucen, Karotten, Erdäpfeln sowie zu kalten und warmen Bohnengerichten, Fleischragouts und Fisch. Harmoniert mit Rosmarin, Majoran, Salbei, Thymian und Lavendel.

sommerliche Strankalan

Zutaten

500 g Strankalan (Fisolen, grüne Bohnen), 500 g Paradeiser,
1 große Zwiebel (gewürfelt), 1–2 Zehen Knoblauch
(gehackt), 4 EL Öl, 1–2 EL Bohnenkraut, Salz, Pfeffer,
Paprikapulver, ½ Bund Petersilie zum Bestreuen

Strankalan putzen, halbieren und in Salzwasser ca. 20 Minuten
bissfest kochen, abseihen. Paradeiser würfelig schneiden. Zwiebeln in heißem Öl goldgelb anrösten, Paradeiser dazugeben, mit
Salz, Pfeffer, Paprikapulver, Bohnenkraut sowie Knoblauch würzen und zu einer Sauce einkochen. Die Strankalan dazugeben,
aufkochen und einige Minuten in der Sauce ziehen lassen. Abschmecken und mit gehackter Petersilie bestreuen.

Ideal als Beilage zu gegrilltem Fleisch. Oder zusammen mit Erdäpfeln als vegetarisches Hauptgericht.

Borretsch
Borago officinalis

Borretsch, auch Gurkenkraut oder Himmelsstern, seit dem 16. Jahrhundert in Bauerngärten zu finden, steht gern an sonnigen und halbschattigen Plätzen auf humosen Böden mit guter Wasserversorgung. Das bis zu 90 cm hohe einjährige Rauhblattgewächs zählt zu den Bienenweiden. Seine langen Wurzeln lockern den Gartenboden auf, seine Samen enthalten wertvolle Öle.

Borretschblätter verströmen einen leichten Gurkengeruch, die jungen Triebspitzen eignen sich zum Würzen von Salaten und Suppen. Die sternförmigen rosafarbene Blüten, die sich nach und nach blau färben, schmecken eher süßlich und lassen sich kandieren.

Verwendung

Zu Gurken, für Suppen, Saucen, Aufstriche, Salate, Obstsalate, Blüten auch zum Garnieren von Süßspeisen und Kuchen

Achtung: Borretsch sollte nur gelegentlich genossen werden, Schwangere und Stillende sollten vorübergehend ganz verzichten!

Erdäpfel-Eierschwammerl-Suppe

Zutaten

500 g Erdäpfel (geschält und gewürfelt),
300 g Eierschwammerl (geputzt), 1 Bund Lauchzwiebeln
(geputzt und in Ringe geschnitten), 1 l Gemüsebrühe,
50 g Butter, Schlagobers nach Bedarf, Salz, Pfeffer

Zum Garnieren:
gehackte Borretschblätter, Borretschblüten

Die Hälfte der Butter erhitzen, Erdäpfel darin andünsten, salzen und pfeffern. Mit Gemüsebrühe ablöschen und einmal aufkochen. Zugedeckt ca. 10–15 Minuten köcheln. In der restlichen Butter Schwammerl ca. 5 Minuten anbraten, Lauchzwiebeln zufügen und mitdünsten.

Erdäpfel in der Brühe pürieren, die Schwammerl zur Suppe geben und nochmals kurz aufkochen. Obers unterrühren, abschmecken, auf Suppentassen verteilen und mit Borretsch garniert servieren.

Brennnessel
Urtica dioica

Die Brennnessel fühlt sich auf nährstoffreichen, leicht feuchten Böden in
voller Sonne und auch im Halbschatten besonders wohl. Ihre jungen Triebe sprießen in unseren Breiten bereits
Mitte April aus dem Boden und werden traditionell als erstes Grün für
den Gründonnerstagsspinat, als Tee
zur Entschlackung und gegen Früh-
jahrsmüdigkeit verwendet. Sie sind
reich an Mineralstoffen, vor allem an
Kalium, Kalzium, Eisen und Silizium.

Tipp

Geerntet werden die frischen Triebblätter junger Pflanzen.
Ältere Blätter sollten möglichst nicht verzehrt werden, aus
ihnen lässt sich aber wertvolle Jauche gewinnen, die anderen
Pflanzen zur Stärkung dient.

Verwendung

Suppe, Spinat, Tee

Brennnesselspinat

Zutaten

500 g junge Brennnesselblätter, 1–2 Zehen Knoblauch,
1 EL Butter, 1 EL Mehl, 125 ml Milch, Salz, Pfeffer, Muskat,
2 EL Schlagobers

Brennnesselblätter überbrühen, in ein Sieb abgießen, mit kaltem Wasser abbrausen und feinhacken. Butter erhitzen, Mehl einrühren und kurz anrösten, Milch und Knoblauch zugeben und einige Minuten köcheln lassen. Die gehackten Brennnesselblätter in die Mehlschwitze geben, mit Salz, Pfeffer, Muskat abschmecken und mit Schlagobers verfeinern.

Dill
Anethum graveolens

Der ursprünglich aus Südeuropa stammende Dill, auch Gurkenkräutel, wurde schon im alten Ägypten verwendet. Um prächtig zu gedeihen, braucht Dill lockeren durchlässigen Boden in voller Sonne. Der einjährige Doldenblüter kann bis zu 1,20 Meter hoch werden. Wenn er sich im Garten wohlfühlt, versät sich der Dill von alleine und kommt jedes Jahr wieder. Sein Aroma erinnert an Fenchel und Anis.

Tipp

Dill lässt sich gut einfrieren. Dazu die zarten frisch gepflückten Spitzen des Krautes auf Backpapier legen und überfrieren, erst dann in ein Gefäß füllen, aus dem man einzelne Portionen entnehmen kann.

Verwendung

Suppen, Saucen, Salate, Fleisch- und Gemüsespeisen

Gurkenkaltschale

Zutaten

4 Salatgurken (geschält und halbiert), 800 g Joghurt, 200 ml Mineralwasser, 100 ml Olivenöl, 1 Bund Dill (gehackt), ½ Bund Minze (gehackt), 2 Zehen Knoblauch (feingehackt), 1 Chilischote (feingehackt), Salz, Pfeffer, Zucker, Zitronensaft

Gurken mit einem Löffel vom Kerngehäuse befreien, grob würfeln und zusammen mit Dill, Minze, Joghurt, Mineralwasser, Olivenöl und Knoblauch in ein hohes Gefäß geben und pürieren. Die Suppe mit Salz, Pfeffer, Zucker, Zitronensaft abschmecken und kalt stellen. Vor dem Servieren mit Dill und/oder Minze garnieren.

Geräucherter Fisch, in Olivenöl gebratene Garnelen oder Jakobsmuscheln passen hervorragend zu diesem leichten Gericht für heiße Tage.

Estragon
Artemisia dracunculus

Im Garten freut sich der Korbblütler über einen geschützten nährstoffreichen und leicht feuchten Platz in der Sonne oder im Halbschatten. Die mehrjährige krautige Pflanze entwickelt sich an guten Plätzen zu einem bis 1,5 Meter hohen Busch. Geerntet werden die jungen kräftigen Blätter.

Estragon wird häufig als Bertram bezeichnet, hat aber mit dem nur wenige Zentimeter hohen mehrjährigen Bertram *(Anacyclus pyrethrum)* nichts zu tun.

Tipp

Estragon entfaltet sein Aroma erst beim Garen. Würzen Sie eher sparsam, der herb süßliche Geschmack drängt sonst zu sehr in den Vordergrund und überdeckt alle anderen Aromen.

Verwendung

Salate, Saucen, Kräuteröle, Kräuteressig, Kräuterbutter, zu Fisch-, Fleisch- und Gemüsegerichten, besonders an Bohnen und Kohlrabi

Bertramreindling

Zutaten

2 altbackene Semmeln, ¼ l Milch, 80 g Butter, 3 Eier, 5 EL Estragonblätter (gehackt), 4 EL Sauerrahm, 1 TL Salz

Als Alternative zum süßen Kärntner Reindling kann ich diesen herzhaften mit einer Fülle von Helga Setz empfehlen:

Die Semmeln in Milch einweichen, gut ausdrücken, passieren. Butter schaumig schlagen, die Eier einrühren, Semmeln, Salz und Rahm dazumengen. Diese Masse auf den 1 cm dick ausgerollten Germteig streichen, mit gehackten Estragon-Blättern bestreuen, gut zusammenrollen. Wie einen Reindling in der Form oder als Rolle auf dem Blech backen.

Der Reindling wird warm oder kalt gegessen.

Fenchel

Gewürzfenchel
(Foeniculum vulgare var. dulce)

Gemüsefenchel
(Foeniculum vulgare var. azoricum)

Der ursprünglich aus dem Mittelmeerraum stammende Fenchel liebt einen sonnigen warmen Platz und einen tiefgründigen humosen, kalkhaltigen Boden, der durchlässig ist, aber ausreichend Feuchtigkeit speichern kann. Die Heil- und Küchenpflanze wird bei uns entweder als knollenförmiges Gemüse oder in Form seiner kleinen halbmondförmige Samen für Tee und Brotgewürz geschätzt. Weniger bekannt ist, dass auch die krautigen Blätter beider Fenchelarten mit ihrem anisartigen Duft vielfältig in der Küche einsetzbar sind.

Tipp

Wer vor allem Fenchelkraut ernten möchte, sollte Gemüsefenchel anbauen, sein Grün ist wesentlich üppiger (siehe Foto rechts) als das des Gewürzfenchels.

Verwendung

Rohkost, Salate, Saucen, Marinaden, Suppen, Gratins, zu Fisch, Fleisch oder Pasta, Brot, Tee

Forellen im Rohr gedünstet

Zutaten

4 mittelgroße Forellen (küchenfertig), 8 Zehen Knoblauch,
4 Handvoll Fenchelkraut, 2 Gemüsefenchel,
8 kleine Paradeiser, 30 g Butter, Salz, Pfeffer

Forellen rundherum und in der Bauchhöhle gut abwaschen, trockentupfen, salzen und pfeffern. Den Bauch mit Knoblauch und Fenchelkraut füllen. Strunk und trockene Stängel vom Gemüsefenchel entfernen und die Knolle in dünne Streifen schneiden. Paradeiser halbieren. Butter in einer großen Rein schmelzen, Fenchelstreifen und Paradeiser kurz andünsten. Dann in das Gemüse die Fische schlichten, restliches Fenchelkraut drüberlegen und alles etwa 20 Minuten im Ofen bei ca. 150 °C garen.

Kapuziner-kresse

Tropaeolum majus

Kapuzinerkresse stammt ursprünglich aus Peru. In unseren Breiten wird sie oft als Zierpflanze in Rabatten und als Unterpflanzung für Obstbäume gesät (hier hält sie die schädliche Blutlaus ab), gedeiht aber auch in Balkonkästen. Das Kraut liebt nährstoffreichen durchlässigen Boden in Sonne und Halbschatten. Nur frisch gedüngten Boden mag es nicht, da leidet seine Blühfreudigkeit. Die Blätter und Blüten haben einen scharfen, pfeffrigen Geschmack und sind durch ihren hohen Gehalt an Vitaminen (A, D, C, E) und Jod auch sehr gesund.

Tipp

In den Blüten verstecken sich gerne kleine Käfer, gut ausschütteln!

Verwendung

Blüten als essbare Dekoration, Blätter für Salate und Aufstriche, die unreifen Früchte können wie Kapern eingelegt werden.

Pesto von der Kapuzinerkresse

Zutaten

4 Handvoll Kapuzinerkresse (Blätter und ggf. auch Blüten),
4 EL Walnüsse (gehackt), 1–2 Zehen Knoblauch,
4 EL Parmesan (grob gewürfelt), Olivenöl, Prise Salz

Kapuzinerkresse waschen, trockentupfen und zusammen mit Walnüssen, Knoblauch und Parmesan nur kurz pürieren. Mit derm Mixer oder per Hand Olivenöl unterrühren, bis die gewünschte Konsistenz erreicht ist, mit Salz abschmecken.

Warm über Pasta oder Gnocchi genießen. Kalt als Brotaufstrich, Salatadressing oder als Dipp zu Gegrilltem. Oder das Pesto kurz erhitzen, in kleine, in kochendem Wasser sterilisierte Gläser (Deckel nicht vergessen!) abfüllen, luftdicht verschließen und so das Aroma portionsweise für den Winter bereithalten.

Kerbel
Anthriscus cerefolium

Kerbel gedeiht vorzüglich im Halb-schatten auf lockeren, leicht feuch-ten Böden. Er sollte alle paar Wo-chen neu angesät werden, damit immer zarte, grüne Blätter zur Hand sind. Besonders würzig ist das einjährige Doldenblütengewächs vor der Blüte, getrocknet verliert es viel seiner Würzkraft. Um es zu konser-vieren, empfiehlt es sich, die Blätter mitsamt Stängel einzufrieren oder ähnlich wie Basilikum zu einem Pesto zu verarbeiten.

Verwendung

Kerbel ist neben Minze die wichtigste Würze für Kärntner Kasnudeln.

Das frische Kraut lässt sich auch zu einer wunderbaren Kerbelcremesuppe verarbeiten (100 g Kerbel, 300 g Erdäpfel, 1 kleine Zwiebel, ½ l Gemüsebrühe, 200 g Obers, Salz, Pfeffer und etwas Muskat). Außerdem passt sein leicht ansiartiges Aroma gut zu Topfenspeisen, Kräuterbutter, Suppen, Saucen, an Salate.

Kärntner Kasnudeln

Zutaten

Nudelteig: 250 g glattes Mehl, 1 TL Salz, 1 Ei,
6–8 EL Wasser oder Milch

Topfen-Erdäpfel-Fülle: 500 g Erdäpfel, 500 g Bröseltopfen,
1 TL Salz, 50 g Butter, 50 g Zwiebeln oder Porree,
1 Zehe Knoblauch, 1 TL braune Minze, 1 TL Kerbelkraut,
etwas Majoran

Nudelteig: Mehl, Ei, Salz und Flüssigkeit in einer Schüssel gut vermischen und zu einem glatten, nicht zu festen Teig verkneten (gut 20 Minuten). Den Teig unbedingt einige Stunden, am besten über Nacht, zugedeckt rasten lassen.

Topfen-Erdäpfel-Fülle: Die Erdäpfel kochen, heiß schälen und aufpressen. Den Topfen hineinbröseln. Zwiebeln oder Porree und Knoblauch fein aufschneiden, in Butter anrösten, Kräuter feinhacken. Alles zusammen gut durchkneten. Kugeln in der gewünschten Größe formen.

Den Nudelteig messerrückendick ausrollen und in regelmäßigen Abständen mit den Füllekugeln belegen. Dann so viel Teig darüberschlagen, dass die Kugeln bedeckt sind und rundherum noch ein 1 cm breiter Rand bleibt. Die Ränder gut zusammendrücken und die Nudeln ausradeln. In leicht wallendem Salzwasser 10 Minuten kochen.

Man schmalzt die Kasnudeln mit Butter oder Grammelfett ab und isst grünen Salat, Krautsalat oder Apfelmus dazu.

Kümmel

Carum carvi

Echter Kümmel gedeiht auf leicht kalkhaltigem, nährstoffreichem durchlässigem Boden in voller Sonne. Eine windgeschützte Lage, regelmäßiges Gießen oder Mulchen des Bodens schützt den Doldenblütler vor dem Austrocknen. Eine Gabe Kompost im Herbst und ein leichter Winterschutz versprechen eine reichere Ernte.

Die Blätter und jungen Triebspitzen des Krautes sowie die Blüten, die Früchte und die Wurzel sind essbar. Der Geschmack der Blätter erinnert an eine Mischung aus Dill und Petersilie. Die Wurzel kann ab September geerntet werden und ist ein schmackhaftes Gewürz für Suppen und Eintöpfe.

Da *Carum carvi* eine zweijährige Pflanze ist, sind die Samen erst im zweiten Standjahr zu ernten. Lassen Sie die Stängel möglichst lange stehen, ehe Sie sie schneiden, und hängen Sie sie zu Sträußen gebunden zum Trocknen auf.

Verwendung

Brot, pikantes Gebäck, Suppen, Saucen, geröstete Erdäpfel, Sauerkraut, Kohl, Tee

Knoblauchtopfen

Zutaten

250g Topfen, ¼ l Sauerrahm, 3 Zehen Knoblauch (sehr fein gehackt), ½ TL Kümmelsamen, ½ TL Salz

Den Topfen zerbröseln, sauren Rahm, Knoblauch, Salz und Kümmel unterrühren, bis eine schöne Creme entsteht. Über Nacht im Kühlschrank ziehen lassen.

Tipp

Kümmelsamen vor der Verwendung im Mörser zerstoßen, das lässt seine ätherischen Öle leichter austreten.

Lustock
Levisticum officinale

Lustock, auch Liebstöckel oder Maggi-kraut, stammt aus Südeuropa. Der Doldenblütler ist eine Solitärpflanze und braucht Platz für sich allein, auf nährstoffreichem, leicht feuchtem alt-gedüngtem Boden in Sonne oder Halbschatten, dann wird dieses aus-dauernde Kraut bis zu zwei Meter hoch. Wie dem Rhabarber werden auch ihm die Blüten genommen, damit die Kraft in den Blättern und Wurzeln bleibt. Das Aroma ist sehr würzig, süßlich-scharf und ein wenig bitter. Verwendet werden die frischen Blätter immer sparsam, weil der Geschmack sehr dominierend ist.

Tipp

Liebstöckel ist essenzieller Bestandteil jeder Gemüsesuppe. Eine Brühe ist schnell gemacht und ihr Geschmack lässt Sie nie wieder zum Suppenwürfel greifen.

Verwendung

Suppen, Salate, Rohkost

Zutaten

1 große Karotte, 1 gelbe Rübe, 1 Scheibe Knollensellerie, 1 Petersilienwurzel, 1 Lauch, 1 Stängel Lustock, Butter, Butterschmalz oder Olivenöl, Salz, Pfeffer, 1½ bis 2 l Wasser

Das zugeputzte Gemüse grob würfeln, Lustock hacken, alles in einen Topf mit Butter oder Öl geben. Einige Minuten gehen lassen, Wasser zugeben und ca. eine ¾ Stunde bei kleiner Hitze köcheln.

Für einen kräftigen Gemüsefond, den Gemüseanteil erhöhen, bei kleiner Hitze eine weitere Stunde lang einreduzieren, abseihen und portionsweise einfrieren oder in Gläser abfüllen und einkochen.

Minze

Mentha

Die Minze ist eine mehrjährige Pflanze, die sich im Garten stark durch Ausläufer vermehrt. Sie liebt feuchte humusreiche Böden in Sonne und Halbschatten und sollte ob ihrer Wuchsfreudigkeit mit Wurzelsperren oder durch Pflanzung in Trögen in Zaum gehalten werden.

Minzen neigen dazu, natürliche Hybriden zu bilden, deshalb nimmt die Artenvielfalt beständig zu. Die braune oder Nudelminze *(Mentha austriaca)* (s. Foto) ist neben Kerbel die wichtigste Würze für Kärntner Kasnudeln. In kleinen Mengen können die frischen oder getrockneten Blätter auch zum Würzen verschiedener Suppen und Saucen verwendet werden. Für Tee und Süßspeisen eignen sich noch besser Arten mit etwas intensiverem Aroma wie die grüne *(Mentha spicata)* oder Apfel-Minze *(Mentha suaveolens)*, für herzhafte Gerichte auch die Basilikum-Minze *(Mentha species ‚Basilmint')*.

Die Pfefferminze *(Mentha piperita)*, die ebenfalls im Garten wächst, wird fast ausschließlich für Teeaufgüsse verwendet.

Verwendung

Kasnudeln, Suppen, Saucen, Marmelade, Chutney, Sirup, Tee

Marinierte Zucchini

Zutaten

4 feste Zucchini, 1 Chilischote, 2 Zwiebeln, 2 Zehen Knoblauch, 1 EL Minzblätter (in feine Streifen geschnitten), 1 EL Thymianblätter, Olivenöl, Salz, Pfeffer

Für die Marinade Chilischote entkernen, Knoblauch schälen und beides fein hacken. Zwiebeln schälen und fein würfeln. Mit Olivenöl übergießen, Minze und Thymian untermischen, mit Salz und Pfeffer abschmecken. Die Zucchini in dicke Scheiben schneiden, in das Öl-Kräuter-Gemisch einlegen und mindesten 2 Stunden darin marinieren.

Später die marinierten Zucchini in der Pfanne oder auf dem Grill von beiden Seiten anrösten.

Oregano
Origanum vulgare

Auch Dost oder Wohlgemut. Der ausdauernde Lippenblütler stammt aus dem Mittelmeerraum und bevorzugt trockene kalkhaltige Böden in voller Sonne. Dost wächst auch bei uns üppig, ist in seinem Geschmack jedoch deutlich milder als mediterrane Sorten wie der griechische Oregano *(Origanum vulgare spp. hirtum)*, die im milden Klima gediehen sind. Durch Trocknung gewinnen die Blätter noch an Aroma, zumal wenn sie vor der Blüte geerntet werden.

Tipp

Sparsam würzen, die Speisen geraten sonst leicht bitter (ggf. mit etwas Honig ausgleichen).
Das gilt nicht für frischen heimischen Dost. Von ihm darf man ruhig eine kleine Handvoll (mitsamt den hübschen Blüten) etwa in ein Sugo aus Olivenöl, frischen Tomaten, Knoblauch, Salz und Pfeffer geben. Gut einreduzieren und die Pasta kurz im Sugo ruhen lassen.

Verwendung

Suppen, Fisch- und Fleischgerichte, Pizza, Tomatensugo, Tee

schafskäse in Olivenöl

Zutaten

Schafskäse, 1 EL Oregano (gerebelt), 1–2 Zehen Knoblauch (feingehackt), kleine Chilischote (entkernt und feingehackt), Olivenöl

Schafskäse würfeln, in ein hohes Glas geben, Chili, Knoblauch und Oreganoblätter dazu und mit Olivenöl übergießen, bis alles bedeckt ist. Glas verschließen und über Nacht im Kühlschrank ziehen lassen. Passt gut zu gemischten Salaten und Gegrilltem.

Petersilie

Glatte Petersilie
(Petroselinum sativum)

Krause Petersilie
(Petroselinum crispum)

Petersilie stammt ursprünglich aus dem südostmediterranen Raum und wird heute weltweit angebaut. Um gut zu gedeihen, braucht sie altgedüngten nährstoffreichen, tiefgründigen und etwas feuchten Boden in der Sonne, besser aber im Halbschatten. Petersilie wird möglichst im Vorfrühling ausgesät, wenn die Erde noch kühl und feucht ist, da der Samen sehr lange braucht, um zu keimen. Ein Garten-flies schützt die Saat vor Trockenheit und Frost.

Achtung: Die glattblättrige Petersilie (s. Foto) ist leicht mit der giftigen, wildwachsenden Hundspetersilie zu verwechseln! Petersilsamen sind ebenfalls giftig.

Tipp

Getrocknet und erhitzt verliert Petersilie viel von ihrer Würzkraft und ihren Vitaminen. Und: Sollten Sie einmal zu scharf gegessen haben, kauen Sie einige Minuten lang frische Petersilie – die ätherischen Öle stillen das Brennen!

Verwendung

Suppen, Saucen, Fisch, Erdäpfel, Rohkostplatten, Salate

Taboulé (Couscous-Salat)

Zutaten

250 g Couscous (Hartweizengrieß), 4 Salattomaten, 1 Salatgurke (geschält), je 1 rote und gelbe Paprika (entkernt), 1 Bund glatte Petersilie, Olivenöl, 1 Tasse Wasser, Salz, Pfeffer, Saft von 1 Zitrone

In diesem im gesamten Mittelmeerraum in verschiedensten Varianten beliebten Sommergericht darf die glatte Petersilie nicht fehlen.

Den Couscous in einer Schüssel mit dem großzügigen Schuss Olivenöl und einer kleinen Tasse lauwarmem Wasser vermengen, mit Salz und Pfeffer abschmecken und quellen lassen. Währenddessen Tomaten, Gurken und Paprika kleinwürfelig schneiden und die Petersilie feinblättrig zupfen. Gemüse und Kräuter gut mit dem Couscous vermischen. Die Schüssel mit einem Teller abdecken und den Salat einige Stunden, möglichst über Nacht, durchziehen lassen. Vor dem Servieren mit Zitronensaft abschmecken und ggf. mit Salz und Pfeffer nachwürzen.

Kleiner Wiesenknopf

sanguisorba minor

Das Rosengewächs, das auch Pimpinelle, Pimpernelle oder rote Bibernelle genannt wird, obwohl es keine Pflanze aus der Gattung der Pimpinellen ist, gedeiht wild auf Wiesen und Äckern. Mittlerweile kann man es auch in Töpfen beim Gärtner kaufen und ihm im Garten einen Platz an der Sonne geben. An den Boden stellt der kleine Wiesenknopf keine großen Ansprüche, wie bei vielen Kräutern gilt: je magerer der Boden, desto größer die Würzkraft. Charakteristisch für das Kraut ist sein scharf-würziger Geruch und Geschmack.

Zwischen Juni und Juli machen die langstieligen Blüten den kleinen Wiesenknopf zu einem Blickfang im Garten.

Tipp

Geerntet werden die Blätter des kleinen Wiesenknopfs, der Bestandteil der Neun-Kräuter-Suppe ist, ein stärkendes Gericht, das traditionell am Gründonnerstag gereicht wird.

Verwendung

Salate, Suppen, Kräutersaucen, Kräutermischungen

Paradeisersalat

Zutaten

4 große Salatparadeiser, 4 EL feingehackte Kräutermischung aus Bibernelle, Dill, Zitronenmelisse, Borretsch, 2 EL feingehackte Zwiebel, Essig, Öl, Salz

Paradeiser in Scheiben schneiden. Alle anderen Zutaten zu einer Marinade verrühren und über die Paradeiser gießen.

Rosmarin
Rosmarinus officinalis

Der immergrüne Halbstrauch stammt aus dem Mittelmeerraum. Er steht im Garten gern in trockenen, mageren, aber kalkhaltigen Böden in voller Sonne und verträgt sich gut mit einem benachbarten Salbei. In kälteren Regionen gedeiht er besser in großen Pflanzgefäßen, in denen er an einem kühlen, aber hellen Platz im Haus auch überwintern kann.

Dem Lippenblütler tut eine regelmäßige Ernte gut: Schneiden Sie die Triebe so ab, dass nur ein wenig vom Grün stehen bleibt, so verzweigt sich der Strauch.

Brauchtum

Ein Zweig Rosmarin sollte in keinem Brautstrauß fehlen.

Verwendung

Suppen, Saucen, Braterdäpfel, zu Fisch, Lamm und Wild, in der italienischen und französischen Küche

Rosmarinerdäpfel

Rosmarinerdäpfel

Zutaten

500 g Erdäpfel (geschält und geviertelt),
ein paar Zweige Rosmarin, Olivenöl, Salz

Die geviertelten und geschälten Erdäpfel auf einem Backblech oder
in einer Kasserolle verteilen, Rosmarinzweige dazwischen legen,
mit Olivenöl beträufeln, salzen und bei 180 °C backen, bis sie
knusprig werden. Passt gut zu Lamm, Fisch, Gegrilltem, Paradeisersalat und Minzjoghurt.

Tipp

Getrockneter Rosmarin ist noch wesentlich aromatischer
als frischer – würzen Sie zurückhaltend, falls Sie kein frisches
Kraut zur Hand haben.

Salbei
Salvia officinalis

Der Salbei ist eines der bekanntesten Heil- und Küchenkräuter und sollte in keinem Garten fehlen. Der 30–60 cm hohe Halbstrauch stammt aus dem Mittelmeerraum und braucht starke Sonne, um sein volles Aroma zu entfalten. Der Boden ist optimalerweise leicht kalkhaltig, humos und durchlässig und sollte eher trocken als feucht gehalten und nicht gedüngt werden. In kalten Regionen ist der Lippenblütler dankbar für einen leichten Winterschutz.

Getrockneter Salbei in ein Kissen eingenäht hält Motten fern. Ernten Sie die Blätter für die Trocknung vor der Blüte!

Tipp

Weniger herb als der europäische Salbei schmecken fruchtigere Sorten aus Mittelamerika wie der Ananassalbei *(Salvia rutilans)*.

Verwendung

Tee, Suppen, Saucen, Fisch, Lamm- und Schweinefleisch

saltimbocca alla romana

Zutaten

8 Kalbsschnitzel, 8 Scheiben Prosciutto (luftgetrocknet),
8 frische Salbeiblätter, 60 g Butter, 100 ml Wein (Marsala),
Salz, Pfeffer

Schnitzel vorsichtig sehr flach klopfen, salzen und pfeffern. Auf jedes Schnitzel erst eine Scheibe Prosciutto und dann ein Salbeiblatt legen und mit einem Zahnstocher feststecken. Butter in einer Pfanne schmelzen und die Schnitzel mit dem Salbei nach unten in wenig Hitze anbraten und wenden (ca. 2 Minuten auf jeder Seite). Saltimbocca aus der Pfanne nehmen, auf warmem Teller anrichten, den Bratensatz mit Wein loskochen und über die Saltimbocca geben.

Dazu passen Polenta und Salat.

TIPP: Pasta in Salbeibutter geschwenkt und mit grünem Salat serviert ergibt ein schnelles sommerliches Gericht. Dazu Butter in einem Topf auf kleiner Flamme zergehen lassen, frische Salbeiblätter dazugeben und einige Minuten ziehen lassen. Mit einem Löffel Honig lässt sich die Salbeibutter auch süßen – eine interessante Variante etwa für Kürbisgnocchi oder auch Karotten.

schnittlauch
Allium schoenoprasum

Schnittlauch, auch Binsenlauch, Gras-
lauch oder Schnittling, eine Zwiebel-
pflanze, stammt aus dem Hochgebir-
ge und steht im Garten gerne in
durchlässiger kalkhaltiger, nährstoff-
reicher Erde in Sonne bis Halbschatten, kann aber auch im Topf gehalten
werden. Die nach Zwiebeln duf-
tenden Halme, die nach dem Ernten (ca. 2 cm über dem Boden ab-
schneiden) wieder nachtreiben, enthalten Vitamin C, Betakarotin
und ätherische Öle und sollten vor allem roh verwendet werden. Getrocknet verliert Schnittlauch viel von seinem Geschmack, für spätere
Verwendung sollte man ihn zu Röllchen geschnitten einfrieren.

Tipp

Auch die schwarzen Samen und die hübschen zartvioletten
Blüten des Schnittlauchs sind essbar und sehr aromatisch.

Verwendung

Zum Garnieren von Suppen, Salaten, Saucen, Erdäpfeln,
Kasnudeln

Kräuterbutter

Zutaten

150 g Butter, 4 EL feingehackte Kräutermischung von Schnittlauch, Petersilie, Kerbel, 1 TL Salz, etwas Zitronensaft

Alle Zutaten mit einer Gabel zerdrücken und gut durchmischen. Passt gut zu getoastetem Weißbrot, Gegrilltem und Erdäpfeln.

TIPP: Auch ein schlichtes Butterbrot mit Schnittlauchröllchen bestreut, schmeckt köstlich! Dazu grüner Salat mit einer Marinade aus Walnussöl, dem Saft einer Zitrone, 4 EL Wasser, 2 EL Zucker, einer Prise Salz, gehacktem Schnittlauch und Schnittlauchblüten.

Thymian
Thymus vulgaris

Der Thymian, auch Quendel, Wiesen-thymian oder Immenkraut, wächst an Wegrändern, Steinmauern, auf felsigen Hängen und Feldern. Seine Heimat ist der westliche Mittelmeerraum, er liebt daher auch im Garten einen Platz an der Sonne in magerem, durchlässigem und sandigem Boden. Durchs Trocknen verstärkt sich das Aroma des Lippenblütlers beträchtlich. Mit Bedacht würzen!

Tipp

Blühender Thymian ist eine wunderbar duftende Bienenweide (Immenkraut)!

Verwendung

Mediterrane Gerichte, Eintöpfe, gegrilltes Gemüse (Paprika, Auberginen, Zucchini, Paradeiser), Pasta, Risotto, Erdäpfel, als Tee gegen Erkältungskrankheiten

Thymianrisotto

Thymianrisotto

Zutaten

250 g Risottoreis, 3 EL Olivenöl, 1 Zwiebel (fein gewürfelt), ¼ l trockener Weißwein, ca . ½ l Wasser, 1 TL Salz, 1 TL Thymian, 50 g Butter, 60 g Parmesan (gerieben)

Olivenöl in einem Topf erhitzen, Zwiebel darin glasig schwitzen, Reis zugeben und einige Minuten bei kleiner Hitze gehen lassen. Mit Weißwein ablöschen und so lange rühren, bis der Reis den Wein aufgenommen hat. Thymian unterheben, salzen und nach und nach so lange unter Rühren Wasser zugießen, bis die Flüssigkeit wiederum verkocht und die gewünschte Konsistenz erreicht ist. Dann Butter im Risotto schmelzen lassen, Parmesan unterrühren und sofort servieren – zum Beispiel als Beilage zu Fisch oder Fleisch. Oder nur mit grünem Salat genießen.

Ysop
Hyssopus officinalis

Der mehrjährige Halbstrauch kommt aus dem Mittelmeerraum und liebt trockenen, sehr lockeren kalkhaltigen Boden in voller Sonne. In unseren Breiten wird die auch als Josefs-, Bienen- oder Essigkraut bezeichnete Pflanze seit dem Mittelalter in Kloster- und Bauerngärten kultiviert. Der reichblühende Ysop ist bis in den Herbst eine wertvolle Bienenweide.

Tipp

Als Beipflanzung im Beet hilft der Lippenblütler Kohlfliegen und Kohlweißlinge fernzuhalten.
Ysop unterstützt die Verdauung von schweren Speisen. Die Blätter mit ihrem kräftigen, leicht bitteren Geschmack sollten frisch verwendet oder vor der Blüte geerntet, getrocknet und dunkel und luftdicht verschlossen gelagert werden, um ihre Würzkraft zu erhalten.

Verwendung

Salate, Saucen, Eintöpfe, zu Lamm, Geflügel, Schwein (nur kurz mitgaren!)

Achtung: Während Schwangerschaft und Stillzeit sollte Ysop nicht gegessen werden!

Kräuteressig

Kräuteressig

Zutaten

1 l Weißweinessig, 100 g Ysop oder Kräutermischung (z. B. Basilikum, Estragon, Dill, Minze, Oregano, Thymian, Zitronenmelisse)

Kräuter sorgfältig waschen, trockentupfen, in eine Flasche geben und mit dem Essig übergießen. Die Flasche luftdicht verschließen, für 2–3 Wochen an einen sonnigen Platz stellen und einmal täglich gut durchschütteln. Dann mit Trichter und Leintuch die Kräuter herausfiltern und den Essig wieder in eine verschließbare Flasche abfüllen.

TIPP: Wenn Sie ganze Kräuterstängel in die Flasche geben, ist der Essig während der Reifezeit besonders hübsch anzusehen.

Mit Öl (wegen seiner Haltbarkeit vorzugsweise Olivenöl) statt Essig kann man nach demselben Rezept Kräuteröl herstellen. Einziger Unterschied: Das Öl braucht länger, um die Aromen der Kräuter aufzunehmen (ca. 4–6 Wochen), und es sollte nicht in der Sonne stehen, sondern an einem dunklen Platz aufbewahrt werden. Die Kräuter sollten ganz von der Flüssigkeit bedeckt sein (Schimmelgefahr!) und das Öl resp. der Essig innerhalb eines Jahres verbraucht werden.

Zitronenmelisse
Melissa officinalis

Die Zitronenmelisse, auch Bienenkraut, Riechnessel, Frauenwohl, stammt aus dem südlichen Mittelmeerraum, steht gerne in lockerem, leicht feuchten Boden in Sonne bis Halbschatten. Die bis zu 80 cm hoch werdende Pflanze duftet zart nach Zitrone und breitet sich wie die Minze durch Ausläufer im gesamten Garten aus. Wurzelsperren helfen die Wüchsigkeit des Lippenblütlers einzudämmen.

Tipp

Zwei bis drei Mal im Jahr schneiden. Vor der Blüte die Stängel etwa 10 cm über dem Boden abernten und zum Trocknen bündelweise an einem sonnengeschützen, luftigen Platz aufhängen. Die abgerebelten Blätter in gut schließenden Gläsern kühl und dunkel aufbewahren.

Verwendung

Salate, Fisch-, Reisgerichte, Essig, Tee, Säfte

Erdbeerbowle

Zutaten

750 g Erdbeeren, ¼ l Martini Bianco oder weißer Portwein, 125 ml Minz-, Erdbeer- oder Hollersirup, 1–2 Limetten (ungewachst), 8 Stängel Zitronenmelisse, 1 Flasche Cidre (ersatzweise trockener Prosecco, gut gekühlt), 1 Flasche Mineralwasser mit Kohlensäure (gut gekühlt), Eiswürfel

Erdbeeren halbieren, mit Martini und Sirup übergießen und eine halbe Stunde in den Kühlschrank stellen. Die Limetten heiß waschen, in Scheiben schneiden und zusammen mit der Melisse in den Bowlenansatz geben. Mit Cidre und Mineralwasser aufgießen und noch einmal eine halbe Stunde kaltstellen. Vor dem Servieren Eiswürfel zugeben.

TIPP: Für eine alkoholfreie Bowle verwenden Sie statt Cidre und Martini einen Mix aus Mineralwasser, Apfelsaft und Kräuter- oder Früchtetee (z. B. Minze oder Hagebutte).

Inhaltsverzeichnis

 **10/11** Bärlauch

 **12/13** Basilikum

 **14/15** Bohnenkraut

 **16/17** Borretsch

 **18/19** Brennnessel

 **20/21** Dill

22/23 Estragon

24/25 Fenchel

26/27 Kapuzinerkresse

28/29 Kerbel

30/31 Kümmel

32/33 Lustock

Inhaltsverzeichnis

 **34/35** Minze

 **36/37** Oregano

 **38/39** Petersilie

 **40/41** Pimpinelle

 **42/43** Rosmarin

44/45 Salbei

46/47 Schnittlauch

48/49 Thymian

50/51 Ysop

52/53 Zitronenmelisse

Meine Rezepte

_____

_____

_____

_____

_____

_____

_____

_____

_____

Zutaten

Meine Rezepte

_____

_____

_____

_____

_____

_____

_____

_____

Zutaten

unsere
bESStseller

ESSperimente III
Mehr Fantasie für Pausenbrot und Kinderfest
108 Seiten, EUR 15,00 • ISBN 978-3-7084-0366-3

ESSperimente
Kochshow am eigenen Herd

262 Seiten, EUR 25,00 • ISBN 978-3-7084-0180-5

ESSperimente II
Die Kochshow geht weiter:
Hochsaison für Heimisches

264 Seiten, EUR 25,00 • ISBN 978-3-7084-0300-7